PETITS PRATIQUES CUISINE

Recettes au foie gras

Laurent Bianquis

Photos : Éric Fénot
Stylisme : Delphine Brunet

Avec la collaboration de Labeyrie

HACHETTE
Pratique

Sommaire

Signification des symboles

★ très facile	€ bon marché
★★ facile	€€ raisonnable
★★★ difficile	€€€ cher

Introduction

Bien choisir son foie gras

Le foie gras cru

Vous trouverez le foie gras cru généralement présenté sous vide en grandes surfaces, chez les éleveurs-fermiers, sur les « marchés au gras » ou dans les coopératives des régions productrices, dans les boutiques spécialisées, chez les traiteurs ou chez votre charcutier. Sa couleur doit être ocre-jaune, plus ou moins claire. Sa teinte peut varier quelque peu en fonction de sa provenance.

Dans le Sud-Ouest, les foies sont beige rosé ou gris rosé. Les foies très ocre sont souvent de moins bonne qualité. En principe, les foies gras pèsent de 650 g à 900 g pour l'oie, de 450 g à 600 g pour le canard. Veillez à ce que la chair soit ferme, non cassante, à ce qu'elle s'étire avant de se rompre et ne soit pas huileuse.

Le foie gras cru doit être préparé le jour même ou le lendemain de l'achat. Il doit recevoir une cuisson suffisante et rigoureusement contrôlée pour détruire les bactéries qu'il pourrait contenir. Sous vide, il peut se conserver au réfrigérateur 7 jours.

Le foie gras préparé

Il existe deux catégories : le foie gras mi-cuit et le foie gras en conserve.

Le foie gras mi-cuit

En bocal de verre, sous vide, au torchon, ou en terrine, ces foies ont été peu cuits et à une température peu élevée. Bien moelleux, ils peuvent être consommés et restent très appréciés des amateurs car ce mode de cuisson ne leur fait perdre en rien leur saveur.

En revanche, ils ne se conservent que trois ou quatre semaines au frais. Le foie gras mi-cuit, étuvé et emballé sous vide, peut néanmoins se conserver deux mois dans le réfrigérateur.

Le foie gras en conserve

Comme les vins, il est dit que les foies gras en conserve se bonifient en vieillissant. Leur conservation étant pratiquement illimitée, il est inutile de les garder au frais. Il est simplement conseillé de les mettre un moment au réfrigérateur avant la dégustation pour pouvoir les consommer frais.

En semi-conserve, le foie gras est pasteurisé et peut se garder dans le réfrigérateur jusqu'à six mois.

Au moment de l'achat de foie gras en conserve, il est nécessaire de bien connaître les différentes dénominations et de savoir lire les étiquettes. Les appellations « foie gras » sont strictement définies par décret.

Le parage du foie gras

Le parage est une opération très minutieuse et assez longue.

1. Mettez à tremper le foie pendant 1 h dans un récipient rempli d'eau à 37 °C. Ce trempage permettra de faire dégorger et de ramollir le foie pour le parer.
2. Égouttez, puis séparez à la main les lobes du foie gras (un gros et un petit).
3. Ouvrez chaque lobe en deux, à l'aide d'un couteau d'office ou à la main, pour faire apparaître les veines qui les irriguent : soulevez celles-ci à partir du bout de chaque lobe, en les décollant légèrement avec la pointe du couteau, pour les enlever en tirant dessus avec précaution.
4. Si vous voyez des traces vertes laissées par la poche de fiel, il ne faut pas hésiter à gratter. Retirez soigneusement les parties qui risquent d'être amères. Creusez si cela est nécessaire.
5. Lavez le foie gras sous l'eau courante et essuyez aussitôt.
6. Ôtez la fine pellicule transparente qui enveloppe le foie, si possible sans couper celui-ci.
7. Au moment de la marinade, les foies gras doivent être salés et poivrés dans la proportion d'environ 15 g de sel et 3 g de poivre blanc en poudre pour 1 kg de foie gras. Vous pouvez également ajouter 1 pincée de quatre-épices et 1/2 cuillerée à café de sucre, et mouiller au porto ou à l'armagnac (5 cl pour 1 kg).

Quel vin servir avec le foie gras ?

Au début du repas

Si le foie gras est servi en tranches au début d'un repas, il ne faut pas l'accompagner d'un vin doux mais d'un vin unique qui pourra être servi tout au long du repas :

- vin blanc sec (gewurstraminer) ;
- vin rouge (bordeaux, haut-médoc, volnay ou hermitage) ;
- champagne (brut, crémant brut).

À la fin du repas

En revanche si, par exemple à un dîner, le foie gras est servi en dernier, avant les desserts sucrés, vous pouvez l'accompagner d'un vin doux de type sauternes.

En apéritif

Enfin, en apéritif, il est délicieux avec le champagne.

Et si, à la campagne, notamment à la période de la chasse, vous préparez un « casse-croûte » de qualité en proposant des petits pains avec du foie gras, vous le servirez accompagné d'un bas-armagnac, comme cela se fait dans le Sud-Ouest.

Foie gras de canard en cocotte

Pour **4 personnes** – Préparation : **10 minutes**
Cuisson : **30 minutes** – Réfrigération : **24 heures**
Difficulté : ★★★ - Coût : €€€

- 1 foie gras de canard cru de 500 g, de bonne qualité
- 100 g de graisse d'oie
- 10 g de sel
- 5 g de poivre

1 Préparez le foie gras suivant la méthode du parage du foie gras indiquée p. 5.

2 Mettez le foie dans une cocotte à revêtement antiadhésif, salez-le et poivrez-le. Faites-le revenir sur toutes les faces à feu très doux, en le retournant avec une spatule en bois, puis faites-le cuire 20 min, toujours à feu doux.

3 Retirez la graisse que le foie a rendue en cuisant et faites dorer celui-ci de tous côtés pendant quelques minutes.

4 Mettez le foie encore chaud dans une terrine de 500 g de contenance, en le tassant un peu, et recouvrez-le de graisse d'oie. Laissez refroidir puis faites reposer 24 h dans le réfrigérateur.

5 Servez le foie gras en tranches. Vous pouvez par exemple le servir sur un lit de céleri-rave en julienne.

Conseil
Ce mode de préparation du foie gras frais est la sobriété même – les seuls assaisonnements étant le sel et le poivre. Cela lui permet de conserver sa saveur intacte.

Terrine au sauternes

Pour **6 personnes** – Préparation : **20 minutes** – Trempage : **3 heures**
Cuisson : **45 minutes** – Temps de repos : **24 heures**
Difficulté : ★★★ - Coût : €€€

- 800 g de foie gras cru de canard
- 1 carotte
- 1 petit oignon
- 1 gousse d'ail
- 1 brin de persil
- 1 bouquet garni
- 1 clou de girofle
- 1 bouteille de sauternes
- Sucre
- Poivre blanc
- Sel, poivre mignonnette

1 Faites tremper le foie gras 3 h dans l'eau glacée. Pelez l'oignon et piquez-le du clou de girofle. Pelez la gousse d'ail. Épluchez la carotte et coupez-la en rondelles fines.

2 Mettez les ingrédients dans une cocotte, avec le brin de persil et le bouquet garni, puis arrosez de sauternes (le contenu de la bouteille) et de 30 cl d'eau.

3 Portez à ébullition, puis laissez frémir 20 min à feu doux. Salez et ajoutez 1/2 cuillère à café de poivre mignonnette. Gardez ce bouillon dans la cocotte.

4 Égouttez le foie gras et essuyez-le soigneusement avec un linge propre. Frottez-le avec 15 g de sel fin, 2 pincées de poivre blanc et 1 pincée de sucre. Laissez-le reposer 1 h puis plongez-le dans la cocotte ; le bouillon doit le recouvrir.

5 Portez à léger frémissement le contenu de la cocotte et laissez pocher très doucement, de 15 à 20 min suivant le poids.

6 Égouttez le foie gras et placez-le dans une terrine légèrement plus grande. Remplissez la terrine avec le bouillon passé au chinois et laissez refroidir. Mettez au réfrigérateur 24 h avant de consommer.

Aumônière au foie gras

Pour **4 personnes** – Préparation : **20 minutes** – Cuisson : **16 minutes**

Difficulté : ★★ - Coût : €€

- 150 g de foie gras de canard cru
- 5 feuilles de brick
- 8 échalotes
- 1 bouquet de ciboulette
- 1 cuil. à soupe de crème fleurette
- 20 cl de bouillon de volaille
- 2 cuil. à soupe d'huile de tournesol
- Fines herbes
- Sel, poivre

1 Préchauffez le four à 220 °C (th. 7). Épluchez les échalotes et émincez-les.

2 Faites frémir une casserole d'eau légèrement salée. Jetez-y les échalotes et laissez-les blanchir 1 min, à petits frémissements.

3 Égouttez les échalotes et replacez-les dans la casserole avec le bouillon de volaille. Laissez-les cuire 10 min jusqu'à ce qu'elles soient réduites en purée.

4 Passez les échalotes au chinois et écrasez-les bien. Remettez cette purée dans la casserole et ajoutez la crème. Salez et poivrez.

5 Coupez le foie gras en dés, puis incorporez-le à la purée d'échalotes. Laissez fondre doucement.

6 Découpez 4 ronds dans une feuille de brick. Posez chaque rond au centre d'une feuille de brick huilée à l'aide d'un pinceau. Déposez un peu de farce au centre de chaque rond. Refermez et liez avec 1 brin de ciboulette. Enfournez 5 min.

7 Servez avec éventuellement des fines herbes hachées pour décorer.

Feuilletés au foie gras

Pour **4 personnes** – Préparation et cuisson totales : **40 minutes**
Difficulté : ★★ - Coût : €€

- 250 g de pâte feuilletée
- 100 g de parfait de foie gras d'oie
- 1 petite boîte de truffes
- 1 sachet de morilles séchées
- 4 tranches fines de jambon de Parme
- 1 jaune d'œuf
- 5 cl d'armagnac
- 4 cuil. à soupe de crème fraîche épaisse
- Sel, poivre

1 Mettez les morilles à tremper dans un bol d'eau tiède légèrement salée pendant 25 min environ, jusqu'à ce qu'elles soient gonflées et ramolies.

2 Pendant ce temps, faites chauffer le four à 230 °C, thermostat 7, et sortez la plaque à pâtisserie de l'appareil. Abaissez la pâte feuilletée sur un plan de travail et découpez-y 8 disques de 8 cm de diamètre. Humectez la plaque et étalez-y les disques de pâte. Battez le jaune d'œuf avec une cuillerée d'eau. Dorez les disques avec l'œuf à l'aide d'un pinceau. Faites cuire 15 min dans le four. Coupez le foie gras en 4 tranches.

3 Sortez les feuilletés du four sans éteindre celui-ci et coupez-les en deux dans l'épaisseur. Garnissez chaque fond avec 1 tranche de jambon, 1 tranche de foie gras et 1 morceau de truffe (réservez le jus des truffes), puis refermez avec le couvercle. Réservez.

4 Mettez les morilles avec leur eau de trempage dans une petite casserole et faites-les pocher quelques minutes, puis reversez-les dans le bol et tenez-les au chaud. Mettez à la place l'armagnac et le jus des truffes. Faites réduire 1 ou 2 min à feu vif, puis baissez la flamme et incorporez la crème fraîche pour lier. Salez et poivrez. Tenez cette préparation au chaud.

5 Faites réchauffer dans le four les feuilletés garnis pendant 3 min. Égouttez les morilles.

6 Servez bien chaud sur des assiettes, accompagnés des morilles arrosées de sauce à l'armagnac.

Œufs cocotte au foie gras

Pour **4 personnes** – Préparation : **10 minutes** – Cuisson : **8 minutes**

Difficulté : ★★ - Coût : €€€

- 1 tranche de foie gras mi-cuit
- 4 brins de cerfeuil
- 4 œufs
- 2 cuil. à soupe de crème fleurette
- 1 petite boîte de pelures de truffe
- Sel, poivre du moulin
- Mouillettes de pain de campagne grillé

1 Sur le fond de 4 ramequins ou cassolettes à œuf, disposez un quart de la tranche de foie gras. Donnez un tour de moulin à poivre dans chaque récipient.

2 Cassez un œuf dans chaque cassolette. Mélangez la boîte de pelures de truffe avec la crème fleurette et versez-en 1 cuillerée dans chaque récipient.

3 Sur le dessus de la préparation, disposez 1 brin de cerfeuil. Saupoudrez d'une pincée de sel et d'un peu de poivre.

4 Faites cuire 8 min dans un bain-marie d'eau bouillante. Servez avec des mouillettes beurrées.

Variante

Vous pouvez remplacer les pelures de truffe par une cuillerée de girolles hachées.

Petites brioches au foie gras

Pour **4 personnes** – Préparation : **15 minutes** – Cuisson : **2 minutes**

Difficulté : ★ - Coût : €€

- 120 g de foie gras de canard en conserve
- 4 petites brioches individuelles
- 1 bocal d'asperges vertes en conserve
- 4 cuil. à soupe de porto blanc
- Noix muscade en poudre
- Gros sel
- Poivre du moulin

1 Coupez le chapeau des brioches et creusez délicatement une petite niche à l'intérieur à l'aide d'une cuillère à café. Récupérez la mie.

2 Dans un bol, versez le porto, 1 pincée de noix muscade et la mie de la brioche. Laissez macérer.

3 Coupez le foie gras en petits cubes de 1 cm de côté environ. Assaisonnez-les de quelques grains de gros sel et d'un tour de moulin à poivre. Faites chauffer le four à 140 °C (th. 4).

4 Égouttez les asperges sur un papier absorbant et garnissez chaque brioche avec un peu de mélange de mie au porto, 2 asperges et quelques cubes de foie gras.

5 Recouvrez la brioche et passez-la au four environ 2 min. Servez tout de suite.

Conseil

Dégustez ce plat avec un tokay.

Salade de magret et de foie gras de canard

Pour **4 personnes** – Préparation : **15 minutes**

Difficulté : ★ - Coût : €€€

- 4 tranches de foie gras de canard mi-cuit
- 8 tranches fines de magret de canard fumé
- 4 poignées de salade (trévise, frisée ou laitue)
- 1 bouquet de ciboulette
- 4 rondelles de baguette
- 1 cuil. à soupe de vinaigre balsamique
- 2 cuil. à soupe d'huile d'arachide
- Sel, poivre

1 Lavez et essorez la salade, puis effeuillez-la. Faites griller les rondelles de baguette.

2 Préparez une vinaigrette en battant l'huile d'arachide et le vinaigre balsamique avec une fourchette. Assaisonnez d'un peu de sel et de poivre. Ciselez la ciboulette.

3 Tapissez chaque assiette de salade, placez la tranche de foie gras, les tranches de magret et la rondelle de pain grillé sur la salade.

4 Arrosez le tout avec la vinaigrette avant de parsemer de ciboulette.

Conseils

Choisissez un foie gras au torchon Labeyrie qui saura exprimer tous ses arômes sur cette salade. Utilisez les magrets de canard Labeyrie, délicatement fumés et tranchés.

Variante

Variez les plaisirs en remplaçant le magret fumé par des tranches de magrets séchés également disponibles dans la gamme Labeyrie.

Salade mixte au foie gras

Pour **4 personnes** – Préparation : **15 minutes** – Cuisson : **6 minutes**

Difficulté : ★★ - Coût : €€

- 500 g de feuilles d'épinard
- 4 tranches fines de foie gras mi-cuit
- 1 pomme acide
- 1 bouquet de ciboulette
- 4 œufs
- 2 fonds d'artichaut en conserve
- Sauce pour crudités à la consistance crémeuse

1 Portez à ébullition une casserole d'eau salée. Plongez-y les 4 œufs et faites-les cuire 6 min. Fendillez-les puis passez-les à l'eau froide avant de les écaler.

2 Lavez et séchez soigneusement les feuilles d'épinard. Coupez les fonds d'artichaut en tranches. Épluchez la pomme, coupez-la en quartiers, puis en morceaux. Ciselez la ciboulette.

3 Disposez un lit de feuilles d'épinard sur chaque assiette. Placez dessus les morceaux d'artichaut et de pomme, 1 œuf et 1 tranche de foie gras.

4 Arrosez le tout de sauce avant de décorer de ciboulette ciselée.

Conseil

Si vous préférez utiliser des artichauts frais, préparez-les comme dans la recette de la page 50.

Soufflé au foie gras

Pour **4-6 personnes** – Préparation et cuisson : **45 minutes**
Difficulté : ★★ - Coût : €€

- 400 g environ de mousse de foie
- 4 œufs + 1 blanc
- 25 g de farine
- 20 cl de lait bouilli
- 5 cl de cognac
- 1 pincée de noix muscade râpée
- 50 g de beurre
- Sel, poivre

1 Coupez la mousse de foie en tout petits dés. Cassez les œufs en séparant les blancs des jaunes.

2 Préparez une sauce Béchamel : faites fondre la moitié du beurre dans une casserole à fond épais et faites blondir dedans la farine pendant 1 min. Ajoutez le lait en battant avec un fouet afin d'éliminer les grumeaux, puis assaisonnez de 1 pincée de muscade, salez, poivrez et faites cuire 10 min à feu doux. Incorporez le cognac et laissez refroidir légèrement.

3 Versez la béchamel tiède dans une grande jatte et ajoutez-y la mousse d'oie, les jaunes d'œufs et 15 g de beurre en noisettes. Mélangez avec une cuillère en bois jusqu'à ce que le beurre soit fondu.

4 Faites chauffer le four à 200 °C (th. 6). Battez les 5 blancs d'œufs en neige ferme et ajoutez-en la moitié à la béchamel en remuant délicatement, jusqu'à ce que le mélange soit bien onctueux. Incorporez ensuite, toujours délicatement, le reste des blancs d'œufs en soulevant le mélange.

5 Enduisez un moule à soufflé du reste du beurre et versez-y la préparation à soufflé en lissant le dessus. Faites cuire 20 min dans le four, sans ouvrir la porte de l'appareil, jusqu'à ce que le soufflé soit bien gonflé et doré. Pour vérifier le degré de cuisson, enfoncez la lame d'un couteau dans le soufflé : elle doit ressortir propre. Servez aussitôt.

Escalopes de foie gras, purée de potiron

Pour **4 personnes** – Préparation : **20 minutes** – Cuisson : **34 minutes**

Difficulté : ★★ - Coût : €€€

- 4 tranches de foie gras cru de canard de 120 g chacune
- 1 kg de potiron
- 2 pommes de terre
- 1 petite boîte de pelures de truffe
- 2 jaunes d'œufs
- 2 cuil. à soupe de crème fraîche
- 25 g de beurre
- Noix muscade
- Sel, poivre

1 Épluchez le potiron et coupez sa chair en cubes. Portez à ébullition une casserole d'eau salée et faites-y cuire les cubes de potiron 10 min, puis égouttez-les bien.

2 De la même façon, faites cuire les pommes de terre coupées au préalable en morceaux pendant 20 min. Égouttez-les.

3 Écrasez les pommes de terre et le potiron à l'aide d'une fourchette. Versez cette purée dans une casserole et faites chauffer à feu doux. Ajoutez les jaunes d'œufs, la crème fraîche et la noix muscade.

4 Ajoutez le beurre et mélangez bien jusqu'à obtention d'une purée homogène. Retirez du feu et rectifiez l'assaisonnement.

5 Dans une poêle à revêtement antiadhésif, faites dorer les tranches de foie gras, 1 min 30 sec de chaque côté, à feu vif.

6 Répartissez la purée dans chaque assiette. Posez une tranche de foie sur la purée et parsemez de copeaux de truffe avant de servir.

Conseils

Tranchez en biais un foie gras Labeyrie en escalopes d'environ 1,5 cm d'épaisseur ou utilisez le foie gras « Spécial Escalopes » prêt à cuisiner de la gamme Labeyrie « Fait à la Maison ».
Si vous avez une citrouille de taille moyenne, vous pouvez la couper sur le dessus, évider la chair nécessaire pour la purée que vous placerez, une fois cuite, dans la niche ainsi obtenue.

Foie gras au gingembre et à la mangue

Pour **4 personnes** – Préparation : **10 minutes** – Cuisson : **14 minutes**
Difficulté : ★★ - Coût : €€

- 4 tranches de foie gras d'oie ou de canard cru
- 1 belle mangue
- 1 cuil. à soupe de jus de citron vert
- 4 cuil. à soupe de sauternes
- 15 cl de bouillon de volaille
- 1/2 cuil. à café de gingembre en poudre
- 4 cuil. à soupe de farine
- 2 cuil. à café de sucre cristallisé
- Sel, poivre

1 Épluchez la mangue et coupez des lamelles autour du noyau plat. Arrosez-les du jus de citron vert.

2 Farinez légèrement les tranches de foie cru et faites-les dorer 2 min de chaque côté dans une poêle à revêtement antiadhésif. Salez, poivrez, retirez et gardez au chaud.

3 Ajoutez les tranches de mangue dans la poêle. Saupoudrez-les de gingembre et de sucre et laissez-les caraméliser sans brûler. Ajoutez le sauternes, attendez 1 min puis versez le bouillon. Retirez les tranches de mangue et laissez réduire la sauce.

4 Disposez les escalopes de foie gras et les tranches de mangue dans les assiettes et arrosez avec la sauce.

Foie gras aux groseilles

Pour **4 personnes** – Préparation : **5 minutes** – Cuisson : **15 minutes**

Difficulté : ★★ - Coût : €€

- 4 tranches de foie gras cru et 1 petite tranche pour la sauce
- 200 g de groseilles
- 2 cuil. à soupe de crème fraîche
- 50 g de beurre
- 1/2 verre de bouillon de volaille
- 1 cuil. à soupe de cognac
- 1 verre de porto
- 1 cuil. à soupe de farine
- Sel, poivre

1 Égrappez les groseilles à l'aide d'une fourchette. Gardez 3 grappes pour le décor des assiettes.

2 Écrasez la petite tranche de foie à travers un tamis, à l'aide d'une cuillère. Ajoutez la crème fraîche et mélangez bien.

3 Farinez, salez et poivrez les escalopes. Faites fondre le beurre dans une poêle à revêtement antiadhésif. Placez-y les escalopes et laissez-les dorer 1 min 30 sec de chaque côté. Gardez-les au chaud.

4 Dans une casserole à fond épais, faites chauffer les groseilles, le porto et le cognac. Ajoutez le bouillon. Laissez réduire cette sauce 10 min à feu vif.

5 Versez la sauce bouillante dans un bol et ajoutez-y aussitôt la purée de foie à la crème. Fouettez pour bien lier la sauce.

6 Présentez les escalopes de foie gras, nappées de sauce et entourées de groseilles. Servez aussitôt.

Foie gras de canard à la vapeur

Pour **4 personnes** – Préparation : **15 minutes** – Cuisson : **40 minutes**
Trempage : **3 heures**
Difficulté : ★★★ - Coût : €€

- 1 foie gras de canard cru de 600 g
- 400 g de petites carottes
- 12 petits oignons grelots
- Le jus de 1 citron
- 1 cuil. à soupe de fines herbes hachées
- 1 gousse d'ail
- 1 berlingot de crème fleurette (200 g)
- 50 g de beurre
- Sucre
- Sel, poivre blanc
- 1 panier vapeur ou 1 couscoussier

1 Préparez le foie : faites-le tremper dans l'eau glacée 3 h pour éliminer les éventuelles traces de sang, puis égouttez-le et essuyez-le. Écartez légèrement les lobes pour vérifier qu'il n'y a pas de fiel, fendez légèrement les lobes pour retirer les veines et la peau.

2 Grattez les carottes et épluchez les oignons. Dans une sauteuse, portez à ébullition de l'eau salée, la moitié du beurre et 1 pincée de sucre et faites-y cuire les légumes 10 min.

3 Dans une grande cocotte ou dans le couscoussier, portez de l'eau à ébullition. Badigeonnez le foie avec du sel et du poivre et posez-le dans le panier vapeur, ou sur la grille du couscoussier, quand l'eau bout. Laissez cuire 25 min.

4 Faites fondre le reste du beurre dans une sauteuse, faites-y revenir la gousse d'ail épluchée et émincée, ajoutez les carottes, les oignons, quelques gouttes de jus de citron, puis la crème fleurette. Salez, poivrez et mélangez.

5 Coupez le foie cuit en tranches que vous présenterez garnies de carottes et de petits oignons, arrosées de sauce et parsemées de fines herbes hachées.

Conseil
Pour une texture parfaite, choisissez un foie gras Labeyrie.
Pour encore plus de facilité, utilisez le foie gras « Spécial Terrine », déjà déveiné et assaisonné dans la gamme Labeyrie « Fait à la Maison ».

Œufs brouillés au foie gras

Pour **4 personnes** – Préparation : **10 minutes** – Cuisson : **10 minutes**

Difficulté : ★★ - Coût : € €

- 150 g de foie gras mi-cuit
- 1 cuil. à soupe de persil haché
- 50 g de beurre
- 6 œufs bien frais
- 4 tranches de pain de campagne
- Sel, poivre

1 Cassez les œufs dans un saladier. Assaisonnez de sel, de poivre et battez-les avec 2 cuillerées à café d'eau jusqu'à ce qu'ils soient bien mousseux.

2 Beurrez une casserole à fond épais et versez-y les œufs battus à travers un chinois.

3 Posez la casserole avec les œufs sur un feu très doux (ou mieux dans un bain-marie) et mélangez au fur et à mesure la partie qui commence à prendre avec une cuillère en bois, en ajoutant de temps à autre de petits morceaux de beurre.

4 Lorsque la préparation commence à être cuite, ôtez-la du feu et continuez à tourner pendant 1 min. Les œufs brouillés doivent être encore « mouillés ».

5 Faites griller les tranches de pain et disposez-y les œufs. Posez une petite tranche fine de foie gras, saupoudrez de persil haché et servez immédiatement.

Poêlée aux compotes de chou et poireaux

Pour **4 personnes** – Préparation : **10 minutes** – Cuisson : **35 minutes**

Difficulté : ★★ - Coût : €€

- 4 tranches de foie gras d'oie ou de canard cru
- 6 blancs de poireaux
- 1 petit chou blanc
- 2 cuil. à soupe de crème fraîche
- 100 g de beurre
- 2 cuil. à soupe de farine
- Sel, poivre

1 Préparez la compote de chou : lavez et coupez les bonnes feuilles de chou en morceaux . Portez à ébullition une casserole d'eau salée. Jetez-y les feuilles de chou, faites-les blanchir 5 min et égouttez-les.

2 Faites fondre la moitié du beurre dans une poêle à revêtement antiadhésif. Versez-y les poireaux et laissez-les revenir 10 min en mélangeant régulièrement.

3 Ajoutez la crème fraîche, salez, poivrez et réservez au chaud. Procédez de la même manière pour préparer la compote de chou.

4 Salez, poivrez et farinez les escalopes de foie gras. Faites-les dorer à feu vif, dans une poêle à revêtement antiadhésif, 2 min de chaque côté.

5 Présentez les escalopes de foie gras accompagnées des compotes de chou et de poireaux.

Poêlée de foie gras, pommes et bananes

Pour **4 personnes** – Préparation : **20 minutes** – Cuisson : **15 minutes**

Difficulté : ★★ - Coût : €€€

- 4 tranches de foie gras cru de canard
- 3 bananes
- 2 pommes
- 2 cuil. à café de jus de citron vert
- 200 g de beurre demi-sel
- 3 jaunes d'œufs
- 1 petite boîte de truffes ou de pelures de truffe
- Sel, poivre

1 Épluchez les bananes. Écrasez leur chair en la passant à travers un tamis à l'aide d'une cuillère.

2 Faites réduire cette purée dans une petite casserole à feu très doux.

3 Épluchez les pommes. Coupez-les en morceaux. Versez un demi-verre d'eau dans une casserole, ajoutez les pommes et laissez cuire 20 min pour obtenir une compote.

4 Préparez une liaison : battez les 3 jaunes d'œufs au fouet avant d'ajouter progressivement, et en fouettant toujours, tout le beurre ramolli.

5 Ajoutez les truffes hachées et partagez la préparation en deux pour en mélanger une part à chacune des purées.

6 Dans une poêle à revêtement antiadhésif, saisissez les escalopes de foie gras 1 min 30 sec de chaque côté. Salez et poivrez.

7 Ajoutez 1 cuillerée de jus de citron à chaque purée. Mélangez.

8 Présentez les escalopes de foie gras accompagnées des purées.

Huîtres au gratin et foie gras

Pour **4 personnes** – Préparation : **25 minutes** – Cuisson : **8 minutes**

Difficulté : ★★ - Coût : €€€

- 24 huîtres
- 4 tranches de 100 g de foie gras de canard mi-cuit
- 2 échalotes
- 125 g de crème fraîche
- 80 g de beurre
- 1 verre de Noilly Prat
- Poivre

Pour la décoration

- Quelques bâtonnets de truffes

1 Ouvrez les huîtres en récupérant l'eau dans un bol. Détachez chaque mollusque de sa coquille et garnissez chaque assiette avec 6 huîtres. Coupez le foie gras en 24 morceaux.

2 Filtrez l'eau des huîtres dans une passoire fine au-dessus d'une casserole. Allumez le gril du four.

3 Pelez les échalotes et hachez-les finement. Ajoutez-les dans la casserole, ainsi que la crème fraîche, 2 pincées de poivre et le Noilly Prat et faites chauffer doucement en remuant.

4 Au bout de 3 min, au moment où le liquide commence à bouillir, incorporez le beurre en petits morceaux, tout en fouettant afin de faire monter la sauce.

5 Garnissez chaque huître d'un peu de sauce (et de quelques petits bâtonnets de truffe, si vous en avez), et passez-les au gril 2 min.

6 Déposez un morceau de foie gras sur chaque huître avant de servir.

Noix de Saint-Jacques au foie gras

Pour **4 personnes** – Préparation : **25 minutes** – Cuisson : **15 minutes**

Difficulté : ★★★ - Coût : €€€

- 12 noix de Saint-Jacques
- 4 tranches fines de foie gras de canard cru
- 2 échalotes
- 1 bouquet de cerfeuil
- 1 blanc de poireau
- Le jus de 1/2 citron
- 50 g de beurre
- 1 cuil. à soupe de vin blanc doux
- 24 fèves
- Gros sel
- Poivre blanc

Pour les papillotes :

- 1 rouleau de papier sulfurisé

1 Faites chauffer le four à 200°C (th. 6). Épluchez le poireau et émincez le blanc. Portez à ébullition une casserole d'eau. Plongez-y le poireau et laissez-le cuire 3 min.

2 Préparez 4 papillotes ouvertes de papier sulfurisé.

3 Épluchez et hachez finement les échalotes. Hachez le cerfeuil. Coupez le foie gras en bâtonnets.

4 Dans chaque papillote, disposez un peu d'échalote et de poireau, 6 fèves, 3 noix de coquille Saint-Jacques, 3 bâtonnets de foie gras et un petit morceau de beurre.

5 Arrosez avec le vin blanc et quelques gouttes de jus de citron. Ajoutez 1 pincée de gros sel, du poivre blanc et le cerfeuil. Enfournez et faites cuire 15 min.

6 Vous pouvez présenter le plat dans la papillote ou versez le contenu dans l'assiette de service.

Conseil

Pour donner une touche de couleur à vos papillotes, vous pouvez ajouter quelques rondelles de carotte.

Aiguillettes de canard aux mirabelles

Pour **4 personnes** – Préparation : **10 minutes** – Cuisson : **20 minutes**

Difficulté : ★★ - Coût : €€€

- 2 magrets de canard
- 150 g de foie gras de canard cru
- 1 bouquet de cerfeuil
- 125 g de crème fraîche
- 25 g de beurre
- 250 g de mirabelles en conserve
- 1 cuil. à soupe de vinaigre de Xérès
- 1 verre de porto
- 1 cuil. à soupe d'huile de tournesol
- Sel, poivre du moulin

1 Dans une sauteuse, faites chauffer l'huile et saisissez les deux magrets, environ 4 ou 5 min de chaque côté. Coupez-les en aiguillettes et gardez-les au chaud.

2 Faites fondre le beurre dans une poêle et mettez-y à revenir 3 min le foie gras cru coupé en morceaux.

3 Ajoutez le vinaigre de Xérès, puis le porto. Écrasez le foie gras à la fourchette ou au mixer 2 min.

4 Ajoutez la crème fraîche, mélangez bien. Versez dans la poêle les mirabelles et assaisonnez de sel et de poivre à votre goût.

5 Faites réchauffer les aiguillettes et les mirabelles dans la crème 3 min à feu doux avant de servir.

6 Servez aussitôt. Vous pouvez décorer votre plat avec quelques brins de cerfeuil.

Cailles farcies aux raisins et foie gras

Pour **4 personnes** – Préparation : **30 minutes** – Cuisson : **15 minutes**

Difficulté : ★★★ - Coût : €€€

- 4 cailles, avec les foies
- 1 tranche de foie gras cru de 120 g
- 8 tranches de bacon
- 250 g de raisin blanc
- 100 g de champignons de Paris
- 50 g de beurre
- 1 petit verre d'armagnac (environ 15 cl)
- 4 tranches de pain de mie
- Sel, poivre

1 Préchauffez votre four à 180 °C (th. 5-6). Épluchez les grains du raisin.

2 Nettoyez le foie des cailles. Coupez le foie gras en dés. Coupez la queue des champignons, épluchez-les et lavez-les, puis coupez-les en petits cubes.

3 Faites fondre le beurre dans une poêle et faites-y revenir ces ingrédients 3 min à feu vif, en mélangeant avec une cuillère en bois. Salez et poivrez.

4 Farcissez les cailles avec ce mélange en déposant une tranche de bacon dessous et dessus, en barde. Faites rôtir de 10 à 12 min à four chaud. Faites griller les tranches de pain de mie.

5 Sortez le plat du four, ajoutez les grains de raisin, versez l'armagnac, mélangez et faites flamber. Mélangez encore pour réchauffer les grains de raisin.

6 Servez les cailles sur les tranches de pain grillées avec le raisin et la sauce.

Coquelets caramélisés, sauce au foie gras

Pour **4 personnes** – Préparation : **10 minutes** – Cuisson : **45 minutes**
Macération : **1 heure**
Difficulté : ★★ - Coût : €€€

- 2 coquelets de 600 g chacun (fendus en deux)
- 1 tranche de 150 g de pâté de foie gras
- 2 cuil. à soupe de crème fraîche épaisse
- 2 cuil. à soupe de miel
- 1 petit verre de rhum
- 1 verre de bouillon
- 1 cuil. à café de gingembre en poudre
- 4 cuil. à soupe d'huile de tournesol
- 1 cuil. à café de poivre
- Sel

1 Badigeonnez les coquelets avec un mélange de sel, de gingembre, de poivre et la moitié de l'huile. Laissez macérer 1 h.

2 Faites chauffer le reste de l'huile dans une cocotte. Faites-y dorer les coquelets 5 min, puis mouillez avec le bouillon. Laissez mijoter à feu doux 30 min.

3 Retirez les coquelets. Déglacez la cocotte avec le rhum, ajoutez le miel et laissez-le caraméliser.

4 Passez le pâté de foie gras au tamis et ajoutez-le dans la cocotte avec la crème fraîche. Remuez jusqu'à ce que la sauce soit bien liée.

5 Servez les coquelets avec la sauce et un légume de votre choix.

Petites tourtes de faisan au foie gras

Pour **4 personnes** – Préparation : **30 minutes** – Cuisson : **30 minutes**

Difficulté : ★★★ - Coût : €€€

- La chair d'un faisan désossé
- 150 g de foie gras cru
- 1 tranche de poitrine de porc fumée
- 100 g de foies de volaille
- 150 g de champignons de Paris
- 50 g de beurre
- 2 jaunes d'œufs battus
- 500 g de pâte feuilletée
- 2 cuil. à soupe de farine
- Sel, poivre

1 Lavez et épluchez les champignons. Coupez-les en dés. Coupez les foies de volaille en petits morceaux. Coupez le foie gras en cubes et passez-le dans la farine. Découpez la poitrine fumée en petits dés.

2 Dans une poêle à revêtement antiadhésif, faites revenir les cubes de foie gras 3 min. Mettez-les de côté. Ajoutez le beurre et faites revenir les dés de poitrine fumée, les morceaux de foies de volaille et les champignons. Salez et poivrez.

3 Mélangez délicatement les cubes de foie gras à cette farce et laissez refroidir le tout. Préchauffez le four à 200 °C (th. 6).

4 Avec un bol assez grand, découpez la pâte feuilletée en 8 disques égaux. Disposez-en 4 sur une plaque de four farinée. Battez les jaunes d'œufs avec une cuillerée d'eau. Dorez chaque disque avec l'œuf à l'aide d'un pinceau.

5 Placez au milieu de chaque disque un petit tas de farce. Recouvrez d'une couche de chair de faisan, puis disposez le reste de la farce.

6 Recouvrez avec les 4 derniers disques. Appuyez bien pour faire adhérer les deux feuilletages. Coupez les morceaux dépassant des tourtes et dorez à l'œuf avec le pinceau.

7 Découpez un trou au centre de chaque tourte. Dessinez quelques stries avec un couteau sur la pâte. Faites cuire 20 min au four. Servez aussitôt.

Variante

Vous pouvez également réaliser des chaussons de faisan au foie gras sur le même principe. Donnez alors une forme carrée aux 8 disques de pâte feuilletée et déposez la farce au centre. Humidifiez les bords des disques avec de l'eau et pliez-les pour former les chaussons. Enfin, pressez-les pour bien les faire adhérer.

Fonds d'artichauts au foie gras

Pour **4 personnes** – Préparation : **15 minutes** – Cuisson : **1 heure**

Difficulté : ★★ - Coût : €€

- 4 fonds d'artichauts
- 4 tranches de foie gras mi-cuit
- 1 salade trévis
- Le jus de 1/2 citron
- 1 cuil. à soupe de vinaigre de Xérès
- 2 cuil. à soupe d'huile d'olive
- 1 cuil. à café de fines herbes hachées
- Sel, poivre

1 Lavez les artichauts, coupez les queues à ras et ôtez les premières feuilles. Portez à ébullition un grand faitout d'eau salée à laquelle vous aurez ajouté le jus de citron.

2 Jetez-y les artichauts et faites-les cuire pendant 1 h. Mettez-les ensuite à égoutter, puis écartez les feuilles pour les retirer et ôtez le foin.

3 Lavez et essuyez la salade. Faites une vinaigrette avec le vinaigre de Xérès, l'huile d'olive, un peu de sel et de poivre.

4 Tapissez chaque assiette de salade, posez dessus 1 fond d'artichaut et 1 tranche de foie gras. Arrosez de vinaigrette et saupoudrez de fines herbes hachées.

Poêlée de girolles au miel de pamplemousse

Pour **4 personnes** – Préparation : **5 minutes** – Cuisson : **15 minutes**

Difficulté : ★★ - Coût : €€€

- 4 tranches de foie gras de canard cru
- 250 g de girolles
- 1/2 pamplemousse
- 25 g de beurre
- 1 cuil. à soupe de miel
- 1 pincée de quatre-épices
- Sel, poivre

1 Assaisonnez généreusement les escalopes de foie gras de quatre-épices, de sel et de poivre.

2 Nettoyez les girolles soigneusement. Coupez ensuite les queues terreuses, puis séchez-les.

3 Faites fondre la moitié du beurre dans une poêle à revêtement antiadhésif. Faites-y revenir les escalopes 2 min de chaque côté. Gardez-les au chaud.

4 Ajoutez les girolles dans la poêle et faites-les sauter de 5 à 8 minutes selon leur grosseur. Gardez-les au chaud.

5 Pressez le demi-pamplemousse et versez le jus ainsi obtenu dans la poêle. Laissez réduire le mélange puis ajoutez 1 cuillerée à soupe de miel, ainsi que le reste du beurre et 1 pincée de sel.

6 Faites chauffer en remuant avec une cuillère en bois, puis ajoutez les escalopes et laissez cuire pendant encore 1 min.

7 Servez les escalopes entourées de girolles et arrosées de jus.

Pommes de terre au four au foie gras

Pour **4 personnes** – Préparation : **10 minutes** – Cuisson : **1 heure 05**

Difficulté : ★★ - Coût : €€

- 4 tranches de foie gras d'oie mi-cuit
- 2 grosses pommes de terre ou 4 plus petites
- 1 bouquet de ciboulette
- 50 g de beurre
- 2 cuil. à soupe de crème fraîche
- Gros sel
- Sel, poivre

1 Préchauffez le four à 200 °C (th. 6). Lavez et essuyez les pommes de terre. Placez-les, en robe des champs, sur un lit de gros sel et enfournez pendant environ 1 h (si la pointe d'un couteau s'enfonce aisément, elles sont cuites). Lavez et hachez la ciboulette.

2 Sortez les pommes de terre, laissez le four allumé. Découpez une calotte aux deux tiers de l'épaisseur des pommes de terre. À l'aide d'une petite cuillère, évidez celles-ci de la moitié de leur chair.

3 Écrasez cette pulpe avec le beurre, ajoutez la crème fraîche, 1 pincée de sel, le poivre et 1 cuillère à soupe de ciboulette hachée. Mélangez soigneusement le tout.

4 Garnissez les pommes de terre avec ce mélange, posez la tranche de foie gras dessus avec quelques grains de gros sel et remettez le chapeau.

5 Posez de nouveau les pommes de terre sur le lit de gros sel et laissez chauffer 5 min avant de servir.

Tagliatelles aux champignons et au foie gras

Pour **4 personnes** – Préparation : **10 minutes** – Cuisson : **15 minutes**

Difficulté : ★★ - Coût : €€

- 2 tranches de foie gras cru
- 250 g de champignons de Paris
- 60 g de morilles fraîches
- 1 blanc de poireau
- 125 g de crème fraîche épaisse
- 50 g de beurre
- 250 g de tagliatelles
- 2 cuil. à soupe d'huile d'olive
- Sel, poivre

1 Épluchez et coupez les champignons de Paris en fines lamelles. Faites tremper les morilles fraîches, puis égouttez-les. Coupez les grosses morilles en deux ou en quatre. Si elles sont sèches, récupérez le jus de trempage. Émincez le blanc de poireau. Coupez le foie en petits cubes.

2 Faîtes revenir les champignons et le poireau émincé dans du beurre. Ajoutez le jus de trempage et la crème. Salez et poivrez si nécessaire.

3 Portez à ébullition une marmite d'eau salée, et faites cuire les pâtes. Égouttez-les et remettez-les dans la marmite avec l'huile d'olive. Mélangez, ajoutez les champignons et les cubes de foie gras et remuez encore délicatement.

Farce au foie gras à l'armagnac

Pour **350 g de farce** – Préparation : **20 minutes**

Difficulté : ★★ - Coût : €€

- 150 g de foie gras cru
- 6 foies de volailles
- 100 g de chair à saucisse
- 2 échalotes
- 1/2 tasse à café de lait
- 1 petit pain au lait
- 10 cl d'armagnac
- 1 pincée de quatre-épices
- Sel, poivre

1 Parez les foies de volailles, coupez-les en morceaux. Coupez en dés le foie gras (retirez la peau, le cas échéant). Passez les foies au tamis.

2 Épluchez et hachez les échalotes. Faites tremper le petit pain dans le lait et émiettez-le à la fourchette.

3 Dans un saladier, mélangez soigneusement les différents ingrédients avec la chair à saucisse et le quatre-épices.

4 Ajoutez l'armagnac et mélangez encore. Salez, poivrez et mélangez bien à nouveau.

Conseil

Cette farce peut-être utilisée pour farcir des volailles, une selle d'agneau, ou un rôti de veau par exemple. Elle cuit au four avec le produit qu'elle accompagne.

Farce pour poisson au foie gras

Pour **1 gros poisson** – Préparation : **15 minutes** – Cuisson : **10 minutes**

Difficulté : ★★ - Coût : €€

- 250 g de foie gras de canard cru
- 1 tranche de saumon
- 2 œufs
- 1/2 cuil. à café de noix muscade
- 1/2 cuil. à café de quatre-épices
- 1 cuil. à soupe de fines herbes au choix
- Sel, poivre

Pour la panade :

- 1/2 l de lait
- 50 g de beurre
- 2 œufs
- 150 g de farine

1 Préparez la panade : dans une casserole, versez la farine, les œufs, le lait et le beurre ramolli. Salez et poivrez. Mélangez.

2 Faites cuire en remuant avec une spatule jusqu'à ce que la pâte obtenue se dessèche.

3 Pilez le foie gras et le saumon dans un mortier. Ajoutez la panade à ce mélange ainsi que les fines herbes, la noix muscade, le quatre-épices et les 2 œufs. Salez et poivrez.

4 Mélangez bien et passez cette farce au chinois avant de farcir le poisson avant cuisson.

Variante

Vous pouvez utiliser cette farce fine pour la confection de pâtés.

Purée de champignons au foie gras

Pour **4 personnes** – Préparation : **15 minutes** – Cuisson : **10 minutes**

Difficulté : ★★ - Coût : €€

- 150 g de foie gras de canard mi-cuit
- 250 g de champignons (de Paris, pleurotes ou mélange)
- 3 échalotes
- 1 cuil. à soupe de fines herbes hachées (persil, cerfeuil, ciboulette)
- 1 gousse d'ail
- 50 g de beurre
- 2 cuil. à soupe de vermouth sec
- 1 verre de bouillon de volaille
- 2 cuil. à soupe de crème fraîche
- Sel, poivre blanc du moulin

1 Épluchez et lavez soigneusement les champignons. Séchez-les tout de suite dans un linge. Coupez-les en fines lamelles.

2 Pelez l'ail et hachez-le finement. Épluchez et hachez finement les échalotes. Faites fondre le beurre dans une grande casserole. Faites-y étuver l'ail et les échalotes hachées pendant 5 min.

3 Incorporez les champignons, laissez suer 5 min, puis mouillez avec le vermouth. Faites chauffer le bouillon, versez-le sur les champignons et laissez frémir environ 15 min pour obtenir une purée.

4 Mélangez la crème fraîche et le foie gras passé au tamis ; mouillez avec du bouillon, ajoutez à la casserole. Ajoutez les fines herbes et vérifiez l'assaisonnement. Remuez le tout pour obtenir une purée homogène et servez.

Conseil

Vous pouvez servir ce plat accompagné de côtelettes d'agneau par exemple.

Cet ouvrage reprend la majorité des recettes du livre *Recettes au foie gras* paru en 2000 dans la collection Petits Pratiques Hachette, chez Hachette Pratique.

Delphine Brunet remercie les boutiques suivantes pour leur participation généreuse et efficace :

Les Autruches (pp. 7, 31, 33, 39, 51, 53)
32, rue Boulard 75014 Paris. Tél : 01 43 20 23 62
C.F.O.C. (pp. 13, 35, 45)
167, bd Saint-Germain 75006 Paris. Tél. : 01 45 48 10 31
Sabre (pp. 9, 19, 29, 43, 49)
4, rue Quatre Vents 75006 Paris. Tél. 01 44 07 37 64
et Fiona Durvie pour ses céramiques de l'atelier « Une poule sur un mur »
(pp. 13, 15, 17, 21, 29, 31, 51, 55, 57)
38 bis, rue Gassendi 75014 Paris.

L'éditeur remercie Stéphanie Beinish pour son aide précieuse.

Direction : Stephen Bateman
Direction éditoriale : Pierre-Jean Furet
Édition : Christine Martin
Conception intérieure : Dune Lunel
Réalisation intérieure : MCP
Conception couverture : Nicole Dassonville
Réalisation couverture : Laure Menanteau
Fabrication : Lysiane Bouchet

Responsable partenariats : Sophie Augereau au 01 43 92 36 82

Dépôt légal : octobre 2005
ISBN : 2-01-62-5141-7
62-66-5141-01-7
Impression : G. Canale & C.S.p.A., Turin (Italie).